編製者簡介

林 麗 英

經歷：心路社會福利基金會副執行長
心路附設台北市大同兒童發展中心主任
心路附設台北市萬芳發展中心主任
內政部兒童局、台北縣早期療育委員
國立台北師範學院特教系、幼教系兼任講師
中華民國聽力語言學會理事長
三軍總醫院復健部語言治療師（二十年）
新竹師範學院特教系兼任講師
中山醫院復健系兼任講師

學歷：國防醫學院畢業

專長：1.兒童發展
2.語言治療
3.早期療育
4.特殊教育
5.身障機構營運管理
6.身心障礙者就業相關專業工作(職業輔導評量、職務再設計等)

編製者序

·········· 期望對重殘者照顧服務注入全人的生命關照 ··········

「極重度多重障礙」個案多由於嚴重腦傷而造成動作、學習、語言溝通及生理功能上嚴重受限，使他們在日常生活及健康上需大量的照護；在台灣，「極重度多重障礙」的兒童，常常往來於醫院與家裡，在教育與學習上，多是由「在家自行教育」來達成；而成人個案多以「臥床式的照護」生活於護理之家或重殘養護機構。綜觀現階段重殘者的服務多以醫療、護理照顧為主，或只是提供養育的照顧，更遑論對這類個案提供完整的「個別化服務計畫」。

從 2000 年起，心路基金會的早療服務系統開始出現多位「極重度多重障礙」幼兒，這些個案的父母不願讓孩子只是遊走於醫院與家中，而開始接受兒童發展中心的日間服務；但是，以發展為主的發展性課程並不適合這類個案，所以，我們發展出對於「重殘幼兒」的照護與療育的課程模式，嘉惠許多重殘幼兒。「極重度多重障礙個案照護與療育課程評量」就在這樣的服務需求下被催生。

在編寫、設計這份評量之初，總是思索如何兼顧重殘幼兒的「生理照護」、「生活照顧」及「訓練潛能」的三大需求，使這類幼兒的早期療育不致過度醫療取向，讓這些孩子有最大的學習可能，讓他們的父母能感受到孩子受到全人的生命關照。更重要是，中心的專業人員得以依循，發展出合宜的服務計畫。或許是自己畢業於護理系，又具備語言復健的資歷，再加上二十年的醫學中心臨床工作，讓自己在編寫這份評量時，能兼顧醫療生理照護的領域；離開醫療臨床工作，將自己投身於身心障礙的服務工作，心路的十一年服務經驗，讓我清楚了解「個別化服務計畫」與專業整合的服務提供對於個案與家庭的重要；所以在心路老師的聲聲催促下，於 2001 年我完成了「極重度多

重障礙個案照護與療育課程評量」的初稿，並在心路的四個早療中心試評、修訂，也嘗試將這份評量應用於重殘的成人服務系統。四年來，許多社福界、特教界的伙伴總是殷殷垂詢這份評量的出版與推廣，今年年初，在心理出版社的力邀下，終於付梓。

在出版之際，我要特別謝謝心路的所有早療團隊，在試評、修訂的過程中，給我許多寶貴意見，特別是心路的賴文婷治療師，在「被動關節運動」的評量給予最大的幫忙，而使整個評量能兼顧復健服務。也謝謝許多長期照顧領域的專家學者，讓我頻頻的叨擾。

僅以此書獻給心路基金會，在心路，讓我的專業生涯注入了對生命的尊重與關懷，使我對於工作及生活有著不同的體會與感動。

更願此書能給身心障礙服務及特殊教育一點小小的貢獻，讓我們一起努力，為重殘者的照顧服務注入全人的生命關懷。

林麗英
2005 年 6 月

目　錄

壹、前言

　　極重度多重障礙係指心智、感官知覺、動作語言溝通及社會適應上兼具數種障礙；而這些障礙多發生於身心發展時期。通常極重度多重障礙個案多源於嚴重腦傷，所以他們常合併有嚴重肢體障礙、感官知覺的損傷和嚴重智能障礙。部分極重度多重障礙個案還有嚴重生理問題，例如：吞嚥障礙、呼吸問題、嚴重癲癇及對外界刺激的機警度過低等問題，而且多數個案的這些障礙將伴隨一生。

　　極重度多重障礙個案的服務須兼顧照護及訓練兩大部分，而目前對於這類個案的服務安置不是在護理之家、在家自行教育，或只是安置於重殘養護的機構提供基本生理照護而已，更遑論有個別化服務計畫（ISP）或個別化訓練計畫（IEP）的擬定與執行。所以建立一套可行的「極重度多重障礙的服務模式」，協助療育機構、特殊學校、重殘養護機構為極重度多重障礙個案擬定合宜的個別化服務計畫（ISP）或個別化訓練計畫（IEP），進而展開服務，實為重要課題。

貳、照護與療育課程評量之內容

在早期療育、特殊教育或身心障礙服務中，生理照護、復健專業與特殊教育整合，為每個重殘個案作完整評量，擬訂合宜之個別化服務計畫（ISP）或個別化教育計畫（IEP）是不可或缺的。

「極重度多重障礙個案照護與療育課程評量」係為適用於極重度多重障礙個案之照護與療育的課程評量工具，利用日常觀察或直接施測方式來進行評量，以了解個案在「生理照護」及「基本能力訓練」兩大主領域的需求，進而作為設計個別化服務計畫（ISP）或個別化教育計畫（IEP）各領域長短程目標擬定之依據。

本評量工具係為一種課程評量，而不是發展測驗或鑑定工具，故不能據以診斷個案之心智年齡或發展商數。但它可以完整評估出個案之生理功能之穩定、生活照護需求、特殊醫療照護需求、復健需求、覺醒程度、基本感官反應、身體動作能力及適應能力等已具備之能力及未發展出之行為，作為擬定療育目標之依據。

「極重度多重障礙個案照護與療育課程評量」主要分**「照護領域」**及**「基本能力訓練」**兩大主領域，「照護領域」有 63 題，「基本能力訓練」有 79 題，合計 142 題；其內容為：

「照護領域」分為「生理功能穩定」、「生活照護」、「特殊醫療照護與復健」三個副領域。每個副領域都分別有評量項目：

(1)「生理功能穩定」副領域：有呼吸順暢、體溫控制、心跳率、飲水量與排尿量及癲癇控制五大項目，共 16 個評量題目。

(2)「生活照護」副領域：有飲食、如廁、清潔照護三大項目，共 26 個評量題目。

(3)「特殊醫療照護與復健」副領域：有特殊醫療照護與被動關節運動兩

大項目，共 21 個評量題目。

　　「**基本能力訓練**」則分為「覺醒程度」、「感官反應」、「身體動作」及「適應行為」四個副領域。每個副領域都分別有評量項目：

⑴「覺醒程度」副領域：共有 6 個評量題目。

⑵「感官反應」副領域：有視覺應用、聽覺應用、觸覺應用、味嗅覺應用、前庭及本體刺激五大項目，共 30 個評量題目。

⑶「身體動作」副領域：包括粗大動作及精細動作兩大項目，共 21 個評量題目。

⑷「適應行為」副領域：有情緒社會性、口語前溝通能力、認知概念三大項目，共 22 個評量題目。

參、計分標準

　　本評量係以 0～4 分之五個等級計分方式計分，每題均依題目不同而有不同之計分標準；有部分題目只有三等第計分，為 0 分、2 分、4 分，而沒有 1 分及 3 分之計分標準。在實施評量時，依每個題目之計分標準計分，並畫於側面圖上。

主領域一：照護領域

★**副領域一：生理功能穩定**

1.呼吸順暢

　1-1　呼吸次數正常（幼兒每分鐘約 20～30 次，成人約 15～20 次）

（呼吸次數）

　　4 分：呼吸次數沒有過快或過慢。

　　3 分：

　　2 分：呼吸不穩定，偶有呼吸過快或過慢。

　　1 分：

　　0 分：使用呼吸器，或有呼吸困難。

1-2 吸氣與呼氣規律，無換氣過深或過淺情形 （呼吸規律）

4分：呼吸規律，無換氣過深或過淺情形。

3分：

2分：呼吸不規律，但尚無明顯換氣過深或過淺情形。

1分：

0分：呼吸困難，有換氣過深或過淺情形。

1-3 呼吸方式為橫膈式呼吸，沒有異常呼吸方式 （呼吸方式）

4分：沒有異常呼吸方式。

3分：

2分：有異常呼吸方式，例如：鎖骨式呼吸，但沒有呼吸困難或發酣情形。

1分：

0分：呼吸方式異常，且有明顯呼吸困難。

1-4 用鼻子呼吸，而非用口呼吸 （鼻子呼吸）

4分：用鼻子有規律地呼吸。

3分：

2分：用鼻子和口交替呼吸。

1分：

0分：完全用口呼吸。

1-5 呼吸時沒有夾雜哮喘或痰聲 （呼吸雜音）

4分：呼吸沒有雜音。

3分：

2分：呼吸時偶有夾雜哮喘或痰聲。

1分：

0分：呼吸時，幾乎都明顯夾雜哮喘或痰聲。

2.體溫控制

2-1 體溫控制正常，無體溫過低或過高情形；也沒有時常發生體溫突然升高或降低 （體溫控制）

　　4分： 沒有生病狀況下，體溫控制正常。

　　3分：

　　2分： 偶有發生體溫突然升高或降低。

　　1分：

　　0分： 體溫控制明顯異常，如：體溫過低、過高或體溫突然升高、降低。

2-2 環境溫度高時，可以排汗正常 （排汗）

　　4分： 環境溫度高時，可以排汗正常，以維持體溫穩定。

　　3分：

　　2分： 環境溫度高時，會有排汗欠佳，使體溫升高情形。

　　1分：

　　0分： 體溫控制困難，完全無法正常排汗。

2-3 寒冷時，在適當衣物保暖下，可以保持適當體溫，不會手腳冰冷 （體溫調節）

　　4分： 在衣物保暖下，可以保持適當體溫。

　　3分：

　　2分： 寒冷時，在適當衣物保暖下，仍會手腳冰冷。

　　1分：

　　0分： 時常體溫過低。

3.心跳率

3-1 心跳次數正常（幼兒每分鐘約 80～110 次，成人每分鐘 60～80 次）

（心跳次數）

4分： 心跳次數穩定，無過快或過慢情形。

3分：

2分： 心跳次數偶有過快或過慢情形。

1分：

0分： 心跳次數不穩定，常過快或過慢。

3-2 脈搏強而有力，心跳規律，無時快時慢情形　　　　　（心跳規律）

4分： 脈搏強而有力，心跳規律，無時快時慢情形。

3分：

2分： 脈搏較無力，但心跳規律。

1分：

0分： 脈搏無力，心跳時快時慢。

3-3 沒有杵狀指或嘴唇、肢體末端發酣情形　　　　　　　（發酣情形）

4分： 沒有杵狀指或嘴唇、肢體末端發酣情形。

3分：

2分： 氣色蒼白或嘴唇、肢體末端輕微發酣情形。

1分：

0分： 有杵狀指或嘴唇、肢體末端明顯發酣情形。

4.飲水量與排尿量

4-1 每天飲水量與尿量可維持平衡，無水腫情形　　　　（飲水與尿量）

　　4分：每天飲水量與尿量可維持平衡，無水腫情形。

　　3分：

　　2分：飲水量與尿量不平衡，有輕微水腫情形。

　　1分：

　　0分：排尿量不足，明顯水腫，需控制飲水量。

4-2 排尿正常，且尿液無不正常顏色或味道（如：血尿）　（尿液正常）

　　4分：排尿正常，且尿液無不正常顏色或味道。

　　3分：

　　2分：排尿正常，但尿液有不正常顏色或味道。

　　1分：

　　0分：排尿不正常，且尿液有不正常顏色或味道。

5.癲癇控制

5-1 癲癇發作頻率　　　　　　　　　　　　　　　　　（發作頻率）

　　4分：沒有癲癇問題。

　　3分：癲癇控制良好，偶而才有發作情形（每月一次）。

　　2分：每週均有 2 次以上的癲癇發作。

　　1分：每天均有 1 次以上的癲癇發作。

　　0分：每天均有多次以上的癲癇發作。

5-2　癲癇發作時的生理反應　　　　　　　　　　　　　（發作反應）

　4分：沒有癲癇問題。

　3分：多為小發作，且發作時間短，五分鐘內就可過去。

　2分：為大發作，但發作時間短，五分鐘內就可過去。

　1分：為大發作，但發作時間長，會持續五分鐘以上。

　0分：癲癇發作時間長且有強烈的生理反應，如發酣、哽嗆、敲撞身體。

5-3　癲癇發作後的生理反應　　　　　　　　　　　　　（發作後反應）

　4分：沒有癲癇問題。

　3分：癲癇發作後只需暫時休息，即可恢復（休息時間一小時以內）。

　2分：癲癇發作後會昏睡至少一小時以上，但無明顯生理異常。

　1分：癲癇發作後會有明顯生理異常，呼吸、心跳或發酣情形，但無須送醫可自行恢復。

　0分：癲癇發作後，會造成強烈的副作用，如昏迷、呼吸異常、心跳異常或發酣，且需緊急送醫。

★副領域二：生活照護

1.飲食

1-1　以手指或奶嘴放入口中，個案有強而有力的吸吮動作　　（吸吮反射）

　4分：吸吮動作強而有力。

　3分：

　2分：有吸吮動作，但力量不足。

　1分：

　0分：無吸吮動作。

1-2 可以進食一般食物，包括固體、半固體或糜狀食物　　（進食能力）

　4分：可以咀嚼固體食物，並進食任何食物，包括固體、半固體或糜狀
　　　　食物。

　3分：可以進食半固體或糜狀食物，但無法進食固體食物。

　2分：可以進食糜狀食物，但無法進食固體或半固體食物。

　1分：可以以口腔進食，但進食動作有些許困難。

　0分：需特殊餵食方法，如胃灌食。

1-3 可以用湯匙餵食　　　　　　　　　　　　　　　　（湯匙餵食）

　4分：可以用湯匙順利餵食，無特殊困難。

　3分：

　2分：可以用湯匙餵食，但餵食時較困難。

　1分：

　0分：無法用湯匙餵食，需用特殊飲食法（如：空針、奶瓶、鼻胃管）。

1-4 可以用杯子或吸管一口接一口地喝水　　　　　　　　（喝水）

　4分：可以順利用杯子或吸管一口接一口地喝水。

　3分：可以用杯子或吸管喝水，但喝水動作有些困難，無法一口接一口。

　2分：用奶瓶順利吸吮來喝水。

　1分：用奶瓶喝水，但吸吮能力不足。

　0分：需用特殊飲食法（如：空針、鼻胃管）喝水。

1-5 在餵食時，個案可以張口容置食器進入，沒有咬合過緊或異常反射動
　　作　　　　　　　　　　　　　　　　　　　　　　　（張口進食）

　4分：可以張口容置食器進入，沒有咬合過緊或異常反射動作。

　3分：在下頦控制手法協助下，可以張口容置食器進入來進食。

　2分：在下頦控制手法協助下，仍須硬將食器塞入口腔，才能進食。

　1分：進食時有明顯咬合過緊或異常反射動作，進食較困難。

　0分：無法由口腔進食。

1-6 在餵食時，個案舌頭可以攪拌推送食物，不會將食物推抵出來

（食物推送）

4分： 在餵食時，個案舌頭可以攪拌推送食物，不會將食物推抵出來。

3分： 在餵食時，偶有食物被推抵出來。

2分： 在餵食時，食物有一半會被推抵出來。

1分： 在餵食時，每口食物都會發生將食物推抵出來的情形。

0分： 無法由口腔進食。

1-7 進食過程中，個案沒有異常嘔吐情形或強烈作嘔反射 （異常嘔吐）

4分： 進食時或進食後，都不會發生異常嘔吐情形或強烈作嘔反射。

3分： 個案偶有作嘔反射或發生嘔吐情形。

2分： 進食時，會引發強烈作嘔反射，但不致引發嘔吐。

1分： 進食時，每口食物都會引發強烈作嘔反射，並引發嘔吐。

0分： 無法由口腔進食。

1-8 進食時，個案沒有過多的哽嗆情形 （哽嗆情形）

4分： 進食時，都不會發生哽嗆情形。

3分： 個案偶有哽嗆情形。

2分： 進食時，常有哽嗆情形，但不會發生呼吸困難、發紺情形。

1分： 進食時，有明顯哽嗆情形，有時還會合併呼吸困難、發紺情形。

0分： 無法由口腔進食。

1-9 有痰時或哽嗆時，可以引發咳嗽，將痰或異物咳出 （咳嗽反射）

4分： 喉頭有痰或異物時，有正常咳嗽反射，將痰或異物咳出。

3分： 有正常咳嗽反射，但咳嗽力量不足。

2分： 需拍痰或靠照顧者協助，才能將異物咳出。

1分： 有痰時或哽嗆時，需照顧者拍敲才能將異物咳出，有時還合併呼吸困難、發紺情形。

0分： 需靠抽痰機。

1-10 大部分時間都不流口水　　　　　　　　　　　（口水控制）

　　4分： 任何時候都不會流口水。

　　3分： 只有在專注或作困難動作時偶會流口水。

　　2分： 經常流口水，但在照顧者用手協助下偶可產生吞口水動作。

　　1分： 平躺下不流口水，其餘姿勢均會流口水。

　　0分： 隨時都在流口水。

2.如廁

2-1 尿布濕了或有大便時，會以哭、表情或身體動作表示　　（如廁表示）

　　4分： 尿布濕了或有大便時，會以哭、表情或身體動作表示。

　　3分：

　　2分： 尿布濕了或有大便時，偶而會以哭、表情或身體動作表示。

　　1分：

　　0分： 完全依賴大人發現。

2-2 在照顧者協助如廁時，可以配合解小便　　　　　（配合解小便）

　　4分： 在照顧者協助如廁時，都可以配合解小便。

　　3分：

　　2分： 在照顧者協助如廁時，偶可以配合解小便。

　　1分：

　　0分： 完全不行。

2-3 每天均有大便之排泄，且解便順暢，無便秘情形　　（大便排便）

　　4分： 每天均有大便之排泄，且解便順暢，無便秘情形。

　　3分： 不是每天排便，但解便順暢，無便秘情形。

　　2分： 解便時費力，常有便秘情形。

　　1分： 需依賴藥物維持排便順暢。

　　0分： 需依賴灌腸才能解便。

2-4 在照顧者協助如廁時，可以在廁所如廁，不必包尿布 （廁所如廁）

4分：在照顧者抱至馬桶上並扶坐下，可以在廁所如廁，不必包尿布。

3分：

2分：需包尿布，但尿布濕了，會以哭或不舒服表情表示。

1分：

0分：需包尿布，且尿布濕了不會表示。

3.清潔照護

3-1 可以接受口腔照護 （口腔照護）

4分：可以接受牙刷刷牙並清潔口腔。

3分：

2分：排斥牙刷刷牙，但可接受紗布或棉花棒作口腔照護。

1分：

0分：無法接受口腔照護。

3-2 照顧者幫忙作口腔照護時，會配合張開嘴巴 （張口配合）

4分：口腔照護時，可以配合張開嘴巴，沒有咬合過緊或異常反射動作。

3分：在下頦控制手法協助下，可以張口。

2分：在下頦控制手法協助下，仍須硬將牙刷或棉棒塞入口腔。

1分：有明顯咬合過緊，口腔照護較困難。

0分：無法作口腔照護。

3-3 可以接受洗臉或擦臉，不過度排斥 （洗臉）

4分：可以接受洗臉或擦臉，不過度排斥。

3分：

2分：可接受洗臉或擦臉，但有閃躲情形。

1分：

0分：無法接受洗臉或擦臉，過度排斥。

3-4 照顧者幫忙洗臉或擦臉時，臉部有配合的動作，如轉動頭部

（洗臉配合）

  4分： 照顧者幫忙洗臉或擦臉時，臉部有配合的動作，如轉動頭部。

  3分：

  2分： 照顧者幫忙洗臉或擦臉時，偶有配合的動作。

  1分：

  0分： 完全無配合動作。

3-5 可以接受洗澡，不過度排斥　　　　　　　　　　　　　　（洗澡）

  4分： 可以接受洗澡，不過度排斥。

  3分：

  2分： 可接受洗澡，但有閃躲或哭鬧情形。

  1分：

  0分： 洗澡時須強迫且過度排斥。

3-6 照顧者幫忙洗澡時，身體有配合的動作，如轉動身體　　（洗澡配合）

  4分： 照顧者幫忙洗澡時，身體有配合的動作，如轉動身體。

  3分：

  2分： 照顧者幫忙洗澡時，偶有配合的動作。

  1分：

  0分： 完全無配合動作。

3-7 可以接受洗頭，不過度排斥　　　　　　　　　　　　　　（洗頭）

  4分： 可以接受洗頭，不過度排斥。

  3分：

  2分： 可接受洗頭，但有閃躲或哭鬧情形。

  1分：

  0分： 洗頭時須強迫且過度排斥。

3-8 照顧者幫忙洗頭時，身體有配合的動作，如低頭、閉眼 （洗頭配合）

　　4分：照顧者幫忙洗頭時，身體有配合的動作，如低頭、閉眼。

　　3分：

　　2分：照顧者幫忙洗頭時，偶有配合的動作。

　　1分：

　　0分：完全無配合動作。

3-9 可以接受梳頭髮，不過度排斥 （梳頭）

　　4分：可以接受梳頭髮，不過度排斥。

　　3分：

　　2分：可接受梳頭髮，但有閃躲或哭鬧情形。

　　1分：

　　0分：梳頭髮時須強迫且過度排斥。

3-10照顧者幫忙梳頭時，身體有配合的動作，如抬頭 （梳頭配合）

　　4分：照顧者幫忙梳頭時，身體有配合的動作，如抬頭。

　　3分：

　　2分：照顧者幫忙梳頭時，偶有配合的動作。

　　1分：

　　0分：完全無配合動作。

3-11可以接受洗手、擦手，不過度排斥 （洗手）

　　4分：可以接受洗手、擦手，不過度排斥。

　　3分：

　　2分：可接受洗手、擦手，但有閃躲或哭鬧情形。

　　1分：

　　0分：洗手、擦手時須強迫且過度排斥。

3-12照顧者幫忙洗手、擦手時，身體有配合的動作，如伸出手

（洗手配合）

4分：照顧者幫忙洗手、擦手時，身體有配合的動作，如伸出手。

3分：

2分：照顧者幫忙洗手、擦手時，偶有配合的動作。

1分：

0分：完全無配合動作。

★副領域三：特殊醫療照護與復健

4.特殊醫療照護

4-1 拍痰或抽痰 （拍痰）

4分：不需抽痰或拍痰。

3分：有異常呼吸聲，才需拍痰。

2分：每天都需拍痰，拍痰後均可順利排痰。

1分：每天均需拍痰再加姿勢引流方式，但拍痰後，仍有異常呼吸聲。

0分：需依賴抽痰機抽痰。

4-2 褥瘡照護 （褥瘡照護）

4分：沒有褥瘡問題。

3分：雖沒有褥瘡問題，但須定期翻身。

2分：身體某些部位有摩擦發紅之情形。

1分：身體某些部位有褥瘡及破皮情形，但面積小沒有發炎感染現象。

0分：身體某些部位有大面積褥瘡及破皮情形，且有發炎感染現象。

4-3 胃灌食或特殊飲食照護　　　　　　　　　　　　　　（特殊飲食）

　4 分：不需胃灌食或特殊飲食照護。

　3 分：以鼻胃管進食，但可以嘗試由口腔進食少許流質或糜狀食物。

　2 分：以鼻胃管進食，且由口腔進食流質或糜狀食物時，會哽嗆。

　1 分：以胃造簍管進食，但可以嘗試由口腔進食少許流質或糜狀食物。

　0 分：完全依賴灌食，無口腔進食之潛能。

4-4 定時藥物服用　　　　　　　　　　　　　　　　　　（藥物服用）

　4 分：不需定時藥物服用。

　3 分：

　2 分：需定時藥物服用，但藥物沒有明顯副作用，不需特別照護。

　1 分：

　0 分：需定時藥物服用，但藥物有明顯副作用（如：過度嗜睡、牙齦出
　　　　血、心跳呼吸之影響），需特別照護。

4-5 氧氣使用　　　　　　　　　　　　　　　　　　　　（氧氣使用）

　4 分：不需使用氧氣。

　3 分：

　2 分：有哮喘或缺氧時，才需使用氧氣。

　1 分：

　0 分：隨時都需要使用氧氣。

4-6 呼吸器使用　　　　　　　　　　　　　　　　　　　（呼吸器使用）

　4 分：不需使用呼吸器。

　3 分：

　2 分：偶而需要使用呼吸器，或需人工呼吸照護。

　1 分：

　0 分：隨時都需要使用呼吸器。

4-7 不當嘔吐 （不當嘔吐）

4分： 沒有不當嘔吐情形。

3分：

2分： 進食後會有不當嘔吐情形。

1分：

0分： 時常發生不當嘔吐。

5.關節活動與柔軟度建立（被動關節運動）

5-1 作被動關節運動時，將個案手肘伸直，手掌心朝內時，手可以向前平舉至耳朵處 （肩關節活動）

4分： 將個案手肘伸直，手掌心朝內時，手可以向前平舉至耳朵處，且無張力過高或過低情形。

3分： 將個案手肘伸直，手掌心朝內時，手可以向前平舉至耳朵處，但有張力過高或過低情形。

2分： 個案手只能平舉至90度。

1分： 個案手只能舉高少許角度（低於90度），肩關節活動受限。

0分： 關節變形，完全無法作此動作。

5-2 作被動關節運動時，將個案手伸直向身體側邊高舉，手可以舉高至耳朵處 （肩外展活動）

4分： 將個案手伸直向身體側邊高舉，手可以舉高至耳朵處，且無張力過高或過低情形。

3分： 將個案手伸直向身體側邊高舉，手可以舉高至耳朵處，但有張力過高或過低情形。

2分： 個案手只能向外側平舉至90度。

1分： 個案手只能舉高少許角度（低於90度），肩關節活動受限。

0分： 關節變形，完全無法作此動作。

5-3 作被動關節運動時，將個案手肘彎曲，手掌可以舉高碰到肩膀

（肘關節活動）

4 分： 將個案手肘彎曲，手掌可以舉高碰到肩膀，且無張力過高或過低
情形。

3 分： 將個案手肘彎曲，手掌可以舉高碰到肩膀，但有張力過高或過低
情形。

2 分： 個案手只能舉高至 90 度。

1 分： 個案手只能舉高少許角度（低於 90 度），肘關節活動受限。

0 分： 關節變形，完全無法作此動作。

5-4 作被動關節運動時，將個案手臂置於身體兩側，手肘可以完全伸直

（肘伸直活動）

4 分： 將個案手臂置於身體兩側時，手肘可以完全伸直，且無張力過高
或過低情形。

3 分： 個案手肘可以伸直，但有張力過高或過低情形。

2 分： 個案手肘彎曲，但大人協助拉伸後，手肘伸直可以維持至少五分鐘。

1 分： 個案手肘彎曲，在大人協助拉伸下，手肘伸直只能維持一分鐘以
下，且會再彎曲。

0 分： 關節變形，完全無法作此動作。

5-5 作被動關節運動，個案手肘彎曲 90 度時，手掌可以向內向外旋動

（腕關節活動一）

4 分： 個案手肘彎曲 90 度時，手心可以向上、向下轉動，且無張力過高
或過低情形。

3 分： 個案手肘彎曲 90 度時，手心可以向上、向下轉動，但有張力過高
或過低情形。

2 分： 個案腕關節活動只能作少許角度的轉動。

1 分： 個案腕關節僵硬，需費力轉動，才達少許角度。

0 分： 關節變形，完全無法作此動作。

5-6 作被動關節運動，個案手肘彎曲 90 度時，手腕向上、向下彎曲角度可達 150 度 （腕關節活動二）

4 分： 個案手肘彎曲 90 度時，手腕向上、向下彎曲角度可達 150 度，且無張力過高或過低情形。

3 分： 個案手肘彎曲 90 度時，手腕向上、向下彎曲角度可達 150 度，但有張力過高或過低情形。

2 分： 個案腕關節活動只能作少許角度的彎曲。

1 分： 個案腕關節僵硬，需費力轉動，才達少許角度。

0 分： 關節變形，完全無法作此動作。

5-7 作被動關節運動時，手的五指及虎口可扳至全開及有握拳動作 （掌關節活動）

4 分： 可以將個案手的五指及虎口扳至全開及有握拳動作，且無張力過高或過低情形。

3 分： 可以將個案手的五指及虎口扳至全開及有握拳動作，但有張力過高或過低情形。

2 分： 個案的手只能扳開、握起部分角度，無法完全張開、握起。

1 分： 個案的手只能張開、握起少許角度，關節活動明顯受限。

0 分： 關節變形，完全無法作此動作。

5-8 作被動關節運動時，膝蓋伸直，兩腳左右可以打開至 120 度 （髖關節活動一）

4 分： 可以將個案膝蓋伸直，兩腳左右打開至 120 度，且無張力過高或過低情形。

3 分： 可以將個案膝蓋伸直，兩腳左右打開至 120 度，但有張力過高或過低情形。

2 分： 個案兩腳左右打開在 60 度至 90 度之間。

1 分： 個案兩腳只能打開少許角度（低於 60 度），髖關節活動受限。

0 分： 關節變形，完全無法作此動作。

5-9 平躺姿勢下作被動關節運動時，膝蓋伸直，一腳平放，一腳可抬高至
　　90 度　　　　　　　　　　　　　　　　　　　　　　（髖關節活動二）

　4 分： 個案膝蓋伸直時，一腳平放，一腳可抬高至 90 度，且無張力過高
　　　　 或過低情形。

　3 分： 個案膝蓋伸直時，一腳平放，一腳可抬高至 90 度，但有張力過高
　　　　 或過低情形。

　2 分： 個案腳抬高角度在 60 度至 90 度之間。

　1 分： 個案腳抬高只能打開少許角度（低於 60 度），髖關節活動受限。

　0 分： 關節變形，完全無法作此動作。

5-10 仰躺姿勢下作被動關節運動時，將膝蓋彎曲、兩腳掌對掌，將兩腳膝
　　 蓋向身體外側推開，膝蓋外側可碰觸地面　　　　　　（髖關節活動三）

　4 分： 將個案兩腳掌對掌，膝蓋彎曲，膝可碰到地上，且無張力過高或
　　　　 過低情形。

　3 分： 將個案兩腳掌對掌，膝蓋彎曲，膝可碰到地上，但有張力過高或
　　　　 過低情形。

　2 分： 個案能作兩腳掌對掌，膝蓋彎曲動作，但膝無法碰到地上。

　1 分： 個案能作屈膝動作。

　0 分： 關節變形，完全無法作此動作。

5-11 平躺姿勢下作被動關節運動時，一腳平放，一腳膝蓋彎曲，並且推移
　　 彎曲的一腳，使其膝蓋碰到胸口　　　　　　　　　　（膝、髖關節活動）

　4 分： 個案膝蓋彎曲時，一腳平放，一腳可彎曲，碰到胸口，且無張力
　　　　 過高或過低情形。

　3 分： 個案膝蓋彎曲時，一腳平放，一腳可彎曲，碰到胸口，但有張力
　　　　 過高或過低情形。

　2 分： 個案只能作膝蓋彎曲，腳掌平放地面之屈膝動作。

　1 分： 個案膝蓋彎曲受限，膝關節活動受限。

　0 分： 關節變形，完全無法作此動作。

5-12 作被動關節運動時，膝蓋伸直，腳板可以向上翹起 5 度

（腳踝關節活動）

4 分： 個案膝蓋伸直時，腳板可以向上翹起 5 度，且無張力過高或過低
情形。

3 分： 個案膝蓋伸直時，腳板可以向上翹起 5 度，但有張力過高或過低
情形。

2 分： 個案膝蓋伸直時，腳板可以向上翹起，但角度在 2 至 4 度。

1 分： 個案膝蓋伸直時，腳板可以向上翹起，但角度少於 2 度。

0 分： 關節變形，完全無法作此動作。

5-13 作被動關節運動時，在平躺姿勢下，兩腳屈曲時，可以左右搖擺

（下半身柔軟度）

4 分： 個案兩腳屈曲時，可以左右搖擺，且無張力過高或過低情形。

3 分： 個案兩腳屈曲時，可以左右搖擺，但有張力過高或過低情形。

2 分： 個案能作屈膝動作，但只能左右少許搖擺。

1 分： 個案能作屈膝動作。

0 分： 關節變形，完全無法作此動作。

5-14 個案趴臥於墊上時，脊椎呈一直線　　　　　　　　（脊椎曲線）

4 分： 個案趴臥於墊上時，脊椎呈一直線。

3 分：

2 分： 個案趴臥於墊上時，脊椎有側彎情形。

1 分：

0 分： 脊椎明顯變形。

主領域二：基本能力訓練

★副領域四：覺醒程度

1-1 對給予痛覺刺激時，可以覺醒並睜開眼睛 （痛覺刺激）

4 分： 對給予少許痛覺刺激時就立刻醒來，並可以維持覺醒一段時間。

3 分： 對給予少許痛覺刺激時就立刻醒來，但會再睡著。

2 分： 給予多次痛覺刺激時才醒來，且可以維持覺醒一段時間。

1 分： 給予多次痛覺刺激才醒來，但立刻再睡著。

0 分： 對痛覺刺激無法反應。

1-2 對給予強烈身體刺激，如拍打、搖晃時，可以覺醒並睜開眼睛

（身體刺激）

4 分： 對給予少許強烈身體刺激就立刻醒來，並可以維持覺醒一段時間。

3 分： 對給予少許強烈身體刺激就立刻醒來，但會再睡著。

2 分： 給予多次強烈身體刺激才醒來，且可以維持覺醒一段時間。

1 分： 給予多次強烈身體刺激才醒來，但立刻再睡著。

0 分： 對強烈身體刺激無法反應。

1-3 對給予聲音刺激時，可以覺醒並睜開眼睛 （聲音刺激）

4 分： 對給予少許聲音刺激時就立刻醒來，並可以維持覺醒一段時間。

3 分： 對給予少許聲音刺激時就立刻醒來，但會再睡著。

2 分： 給予多次聲音刺激時才醒來，且可以維持覺醒一段時間。

1 分： 給予多次聲音刺激才醒來，但立刻再睡著。

0 分： 對聲音刺激無法反應。

1-4　每次醒來可以維持至少 30 分鐘以上清醒　　　　　　　　（覺醒時間）

4 分：　每次醒來可以維持至少 30 分鐘以上清醒。

3 分：　每次醒來可以維持 15 分鐘清醒，會再睡著。

2 分：　每次醒來只維持 5 分鐘清醒。

1 分：　每次醒來，張開眼睛後立刻再睡著。

0 分：　對任何刺激都難以誘發覺醒。

1-5　環境提供刺激時（如上課），均可維持一定覺醒程度，不會睡著

（覺醒持續度）

4 分：　上課時，均可維持一定覺醒程度，不會睡著。

3 分：　環境提供刺激時，可維持覺醒，但持續時間不足。若給予覺醒誘
　　　　發的刺激時，可維持覺醒。

2 分：　上課時需不斷給予覺醒刺激，才能維持覺醒。

1 分：　上課時需不斷給予覺醒刺激，也只能偶而維持覺醒。

0 分：　無法維持覺醒。

1-6　能配合作息，維持適當覺醒程度　　　　　　　　　　　（配合作息）

4 分：　能配合作息，維持適當覺醒程度。

3 分：

2 分：　偶而可以配合作息，維持適當覺醒程度。

1 分：

0 分：　無法配合作息。

★副領域五：感官反應

1.視覺應用

1-1 對光源有眨眼、閉眼或轉動頭部等反應 （視覺機警度）
   4分：每次均可正確反應。
   3分：每次均可反應，但反應較慢。
   2分：有反應的機率約為 1/2。
   1分：有反應的機率約為 1/4。
   0分：沒反應或盲。

1-2 會追視眼前移動物品 （追視物品）
   4分：每次均可正確反應。
   3分：需口頭提示或可追視，但時間較短約 5 秒內。
   2分：有反應的機率約為 1/2。
   1分：有反應的機率約為 1/4。
   0分：沒反應或盲。

1-3 眼睛會隨著移動的人移動 （追視人物）
   4分：每次均可正確反應。
   3分：需口頭提示或可追視，但時間較短約 5 秒內。
   2分：有反應的機率約為 1/2。
   1分：有反應的機率約為 1/4。
   0分：沒反應或盲。

1-4 視線可停留於有興趣物品約 10 秒 　　　　　　　（物品注意力）

　　4分： 可超過 10 秒。

　　3分： 需提示或不斷逗弄下可維持 10 秒。

　　2分： 可以看，但少於 5 秒。

　　1分： 會看，但少於 2 秒。

　　0分： 沒反應。

1-5 會注視叫他或和他說話的人 　　　　　　　　　（對人注意力）

　　4分： 每次均可正確反應。

　　3分： 有注視但注視時間較短，約 5 秒內。

　　2分： 有反應的機率約為 1/2。

　　1分： 有反應的機率約為 1/4。

　　0分： 沒反應。

1-6 能從一堆物品中辨認出所要的物品 　　　　　　　（視覺辨別）

　　4分： 自己能從一堆物品中找到所要的物品。

　　3分： 當照顧者幫忙拿出正確物時，會有興奮的表情或反應的企圖。

　　2分： 眼睛會看著物品，且有嘗試找的企圖但無法辨認。

　　1分： 會看物品但沒有尋找。

　　0分： 沒反應或盲。

2.聽覺應用

2-1 聽到聲音會有反應，如眨眼、表情改變、目視或驚嚇 （聽覺機警度）

　　4分： 每次均可正確反應。

　　3分： 聲音出現時間稍長時，可正確反應。

　　2分： 有反應的機率約為 1/2。

　　1分： 有反應的機率約為 1/4。

　　0分： 沒反應或聾。

2-2 對聲源有反應 （反應聲源）

4分： 每次均可正確反應。

3分： 每次均可反應，但反應較慢。

2分： 有反應的機率約為 1/2。

1分： 有反應的機率約為 1/4。

0分： 沒反應或聾。

2-3 能以眼睛或身體動作找出藏著的聲音的方向 （聲音物體恆存）

4分： 每次均可正確反應。

3分： 能以眼睛或身體動作找到藏著的聲音，但反應較慢。

2分： 會找聲音，但方向判斷錯誤或中途放棄。

1分： 對聲音有反應，但不知去找。

0分： 沒反應或聾。

2-4 能正確反應環境中的聲音至少 5 種，如聽到電話聲眼睛會看電話 （聲音理解）

4分： 能正確反應環境中的聲音至少 5 種。

3分： 了解 2 至 4 種聲音。

2分： 只了解 1 種聲音。

1分： 對聲音有反應，但不知是什麼聲音。

0分： 沒反應或聾。

2-5 對自己名字有反應 （名字反應）

4分： 每次均可正確反應。

3分： 有正確反應，但反應較慢或需再叫一次。

2分： 有反應的機率約為 1/4。

1分： 對聲音有反應，但不知是自己名字。

0分： 沒反應或聾。

2-6 會傾聽來自收、錄音機或人說話的聲音至少 10 秒 　　（傾聽能力）

　　4 分：　在一般情境下，可以傾聽超過 10 秒。

　　3 分：　必須在安靜沒有干擾的情境下，可以傾聽維持 10 秒。

　　2 分：　可以聽，但少於 5 秒。

　　1 分：　會聽，但少於 2 秒。

　　0 分：　沒反應或聾。

3.觸覺應用

3-1 身體被碰觸時會有反應，如查看、扭動身體被碰觸的地方

（觸覺機警度）

　　4 分：　每次均可正確反應。

　　3 分：　有反應，但反應較慢。

　　2 分：　有反應的機率約為 1/2。

　　1 分：　有反應的機率約為 1/4。

　　0 分：　沒反應或閃躲等不當反應。

3-2 能接受對身體、手腳等觸覺刺激，且不排斥也不過度偏好

（身體觸覺）

　　4 分：　不排斥碰觸或撫摸。

　　3 分：　稍強制或堅持下可接受。

　　2 分：　有 1/2 次可接受或有 1/2 的身體部位可接受觸覺刺激。

　　1 分：　偶而可接受（少於 10％）或只有少許部位可接受。

　　0 分：　無法接受或過度偏好。

3-3 願意接受對臉部觸覺刺激，且不排斥也不過度偏好 （臉部觸覺）

　4分： 不排斥碰觸或撫摸。

　3分： 稍強制或堅持下可接受。

　2分： 有 1/2 次可接受或有 1/2 臉部部位可接受。

　1分： 偶而可接受（少於 10%）或只有少許部位可接受。

　0分： 無法接受或過度偏好。

3-4 對刷牙、擦嘴等口腔觸覺刺激不排斥也不過度偏好 （口腔觸覺）

　4分： 不排斥碰觸或觸覺刺激。

　3分： 稍強制或堅持下可接受。

　2分： 可接受的機率約為 1/2 次。

　1分： 偶而可接受（少於 10%）或只可作少許碰觸。

　0分： 無法接受或過度偏好。

3-5 手會拿物品把玩超過 10 秒而不會立刻丟掉 （觸覺統整）

　4分： 可超過 10 秒。

　3分： 不斷鼓勵下可維持 10 秒。

　2分： 強制將物品放入手中可接受，但少於 5 秒。

　1分： 可以接受物品碰觸手部，但立刻丟掉。

　0分： 沒反應或過度偏好。

3-6 能用手觸摸分辨不同質感物品，會有不同反應 （觸覺辨識）

　4分： 每次均可正確反應物品。

　3分： 需用手指出物品或口頭暗示，才會撥開物品找到目標物或正確辨
　　　　識。

　2分： 手可觸摸物品且不排斥，但無法辨識。

　1分： 會嘗試碰觸，但立即將手縮回。

　0分： 沒反應或閃躲。

3-7 能接受不同溫度刺激，如冷熱冰，且不排斥也不過度偏好

（溫度接收）

　4 分： 能接受不同溫度。

　3 分： 稍強制或堅持下可接受。

　2 分： 有 1/2 次可接受或可接受少許溫度改變。

　1 分： 偶而可接受（機率少於 1/4 次）或只有少許溫度改變可接受。

　0 分： 無法接受或沒反應。

3-8 碰到不同溫度的東西時會有不同反應或表情　　　　（溫度分辨）

　4 分： 每次均可正確反應。

　3 分： 有反應但反應較慢。

　2 分： 有反應的機率約為 1/2。

　1 分： 有反應的機率約為 1/4。

　0 分： 沒反應或十分排斥。

3-9 能接受照顧者緊抱或重壓的刺激，且不排斥也不過度偏好

（緊抱或重壓刺激）

　4 分： 能接受緊抱或重壓刺激。

　3 分： 稍強制或堅持下可接受。

　2 分： 有 1/2 次可接受緊抱或重壓。

　1 分： 偶而可接受（機率少於 1/4 次）或緊抱或重壓時會立刻掙脫。

　0 分： 無法接受。

4.味嗅覺應用

4-1 能接受不同味道的食物，如酸甜苦辣，且不排斥也不過度偏好

（味覺接收）

4 分： 能接受不同味道的食物。

3 分： 稍強制或堅持下可接受不同味道。

2 分： 可接受少許味道的改變。

1 分： 嚐到不同的味道，會排斥或哭。

0 分： 無法接受。

4-2 嚐到不同味道的食物會有不同反應或表情 （味覺分辨）

4 分： 每次均可正確反應。

3 分： 有反應但反應較慢。

2 分： 有反應的機率約為 1/2。

1 分： 有反應的機率約為 1/4。

0 分： 沒反應或十分排斥。

4-3 能接受不同嗅覺刺激，如香臭酸辣，且不排斥也不過度偏好

（嗅覺接收）

4 分： 能接受不同味道的食物。

3 分： 稍強制或堅持下可接受不同味道。

2 分： 可接受少許味道改變。

1 分： 聞到不同味道，有排斥的表情或哭、叫。

0 分： 無法接受。

4-4 聞到不同味道時會有不同反應或表情，且不排斥也不過度偏好

（嗅覺分辨）

    4分：每次均可正確反應。

    3分：有反應但反應較慢。

    2分：有反應的機率約為 1/2。

    1分：有反應的機率約為 1/4。

    0分：沒反應或排斥或過度偏好。

5.前庭及本體刺激

5-1 當個案在扶抱下被移動時，不會有排斥或過度興奮之情形

（扶抱移動）

    4分：每次均不會有排斥或過度興奮行為。

    3分：

    2分：有掙扎情形，照顧者堅持下可接受。

    1分：

    0分：排斥或過度偏好。

5-2 當提供個案搖晃、擺盪等線性加速度活動時，不會有排斥或過度興奮
    之情形 （加速度活動）

    4分：每次均不會有排斥或過度興奮反應。

    3分：

    2分：有掙扎情形，照顧者堅持下可接受。

    1分：

    0分：排斥或過度偏好。

5-3 當個案被擺在治療球上時，身體張力不會過度伸張，也不會有排斥或
　　過度興奮之情形　　　　　　　　　　　　　　　　　　　（治療球活動）

　　4 分： 每次均不會有排斥或過度興奮行為。

　　3 分：

　　2 分： 有掙扎情形，照顧者堅持下可接受。

　　1 分：

　　0 分： 排斥或過度偏好。

5-4 當個案被旋轉時，不會有排斥或過度興奮之情形　　　（旋轉活動）

　　4 分： 每次均不會有排斥或過度興奮反應。

　　3 分：

　　2 分： 有掙扎情形，照顧者堅持下可接受。

　　1 分：

　　0 分： 排斥或過度偏好。

5-5 當提供個案關節的擠壓活動時，不會有排斥或過度興奮之情形
　　　　　　　　　　　　　　　　　　　　　　　　　　　（關節擠壓）

　　4 分： 每次均不會有排斥或過度興奮反應。

　　3 分：

　　2 分： 有掙扎情形，照顧者堅持下可接受。

　　1 分：

　　0 分： 排斥或過度偏好。

★副領域六：身體動作

1.粗大動作

1-1 扶抱腋下時，頭能挺直　　　　　　　　　　　　　　（頭部控制）
　4分：姿勢正常。
　3分：頭能挺直但姿勢異常，如張力異常或頭部歪斜一邊。
　2分：扶抱腋下時，頭能挺直，但不超過30秒。
　1分：扶抱腋下時，頭挺直只維持2秒。
　0分：扶抱腋下時，頭無法挺直。

1-2 抱著時，頭能挺直且自由轉頭　　　　　　　　　　　（頭部轉動）
　4分：姿勢正常。
　3分：頭可挺直且可轉動但姿勢異常，如費力或張力異常。
　2分：抱著時，頭可挺直且可轉動，但不超過30秒。
　1分：抱著時，頭可挺直但無法轉動，或只維持2秒。
　0分：抱著時，頭無法挺直或轉動。

1-3 趴在地上時可以用手撐起上半身　　　　　　　　　　（肩部控制）
　4分：趴在地上時可以用手撐起上半身，姿勢正確且可超過30秒。
　3分：趴在地上時可以用手撐起上半身，但姿勢異常。
　2分：趴在地上時可以用手撐起上半身，但不超過2秒。
　1分：趴在地上時頭可挺直，但無法用手撐起上半身。
　0分：趴在地上時頭無法挺直。

1-4 趴在地上時可用手撐起上半身且伸出一手拿東西　　（肩部重量移轉）

4 分： 趴在地上時可用手撐起上半身且伸出一手拿東西，姿勢正常。

3 分： 趴在地上時可用手撐起上半身且伸出一手，但姿勢異常或會倒。

2 分： 趴在地上時可用手撐起上半身且伸出一手，但不超過 2 秒。

1 分： 趴在地上時可用手撐起上半身但無法伸出一手。

0 分： 趴在地上時無法用手撐起上半身。

1-5 能由趴睡姿勢翻身至仰躺　　　　　　　　　　　（趴睡至仰躺）

4 分： 姿勢正常且獨立完成。

3 分： 能由趴睡姿勢翻身至仰躺，但姿勢異常或嘗試一兩次後才能翻過。

2 分： 需作重點肢體協助（只在腿部帶一下），才能由趴睡姿勢翻身至仰躺。

1 分： 需大量肢體協助下（如扶腋下和腿部施力）或利用異常張力，才能由趴睡姿勢翻身至仰躺。

0 分： 無法翻身。

1-6 能由仰躺姿勢翻身至趴睡　　　　　　　　　　　（仰躺至趴睡）

4 分： 姿勢正常且獨立完成。

3 分： 能由仰躺姿勢翻身至趴睡，但姿勢異常或嘗試一兩次後才能翻過。

2 分： 需作重點肢體協助（只在臀部推一下），才能由仰躺姿勢翻身至趴睡。

1 分： 需大量肢體協助下（如扶背部和臀部施力）或利用異常張力，才能由仰躺姿勢翻身至趴睡。

0 分： 無法翻身。

1-7 會左右翻滾 （左右翻滾）

4分： 姿勢正常且獨立完成。

3分： 在肢體重點協助下能左右翻滾，或可左右翻滾但姿勢異常。

2分： 不需協助下能翻身但無法左右翻滾。

1分： 在肢體協助下才能翻身但無法左右翻滾。

0分： 無法翻身。

1-8 匍匐前進 （匍匐）

4分： 姿勢正常且獨立完成。

3分： 能匍匐前進，但姿勢異常。

2分： 會移動手腳但只能前進一步。

1分： 嘗試移動手腳但無法匍匐前進。

0分： 只能直接擺在趴睡姿勢，無法匍匐前進。

1-9 會用雙手雙膝著地並肚子離地爬行 （爬行）

4分： 姿勢正常且獨立完成。

3分： 會用雙手雙膝著地並肚子離地爬行，但姿勢異常或只能前進兩三步。

2分： 能匍匐前進。

1分： 嘗試移動手腳且肚子離地但無法前進。

0分： 只能直接擺在趴睡姿勢，無法爬行。

1-10 聽到巨大聲響，個案會張開手臂，眨眼或眼睛睜得很大 （驚嚇反射）

4分： 每次聽到巨大聲響，個案會張開手臂，眨眼或眼睛睜得很大。

3分： 有反應但姿勢動作異常。

2分： 有反應的機率只有1/2。

1分： 有反應的機率約為1/4。

0分： 沒反應。

1-11 扶著腋下站時，個案的雙腳可支持身體重量站著　　（雙腳承重）

　4 分：扶著腋下站時，個案的雙腳可支持身體重量站著，至少 10 秒鐘。

　3 分：雙腳有承重，但膝蓋後頂，可維持 10 秒鐘。

　2 分：雙腳有承重，但時間很短。

　1 分：有站立動作，但沒有承重。

　0 分：完全無法承重。

1-12 俯臥時能以胸部支撐，頭、腳上抬作出「飛機」動作　　（胸部支撐）

　4 分：俯臥時以胸部支撐，作出「飛機」動作，且姿勢正確。

　3 分：有胸部支撐動作，且頭可抬離地面，但只有腿伸張動或手動作。

　2 分：有胸部支撐動作，且頭可抬離地面，沒有腿伸張動或手動作。

　1 分：有短暫胸部支撐動作，頭只能稍離地面。

　0 分：無法動作。

1-13 個案坐著時，身體微往前並且會用手撐著來維持坐姿，至少 5 分鐘

（坐）

　4 分：可用身體微往前並且會用手撐地動作，維持坐姿至少 5 分鐘。

　3 分：身體微往前且雙手撐地動作，維持坐姿，至少 1 分鐘。

　2 分：身體微往前且雙手撐地動作，坐一下就跌倒。

　1 分：有身體微往前動作，但沒有手撐動作，且立即跌倒。

　0 分：無法坐。

2.精細動作

2-1 會緊握放在手中的玩具或物品 （握物）

4分： 會緊握放在手中的玩具或物品，至少 5 分鐘。

3分：

2分： 照顧者幫忙握拳下，可以握住手中的玩具或物品。

1分：

0分： 無法動作。

2-2 看到有興趣的東西時會伸手去碰觸 （伸手碰觸）

4分： 每次均會伸手去碰觸。

3分： 口頭提示或示範下會伸手去碰觸。

2分： 照顧者拉手暗示下，會伸手去碰觸。

1分： 有看的反應，但沒有動作。

0分： 沒反應。

2-3 平躺時，雙手可以舉到胸前靠合 （雙手中線靠合）

4分： 平躺時，雙手可以舉到胸前，並有靠合動作。

3分： 雙手可以舉到胸前，但沒有靠合動作。

2分： 只有一隻手可以舉到胸前。

1分： 照顧者扶其肩部時，手有上舉動作。

0分： 無法動作。

2-4 會把手中物品放下 （放）

4分： 可獨立完成。

3分： 口頭提示或示範下會將物品放下。

2分： 在手背給予輕拍等刺激時，可以放下手中物品。

1分： 在手背給予輕拍等刺激時，手指可以稍作放鬆，但物品仍在手中。

0分： 無法動作。

2-5　會把一手物品交至另一手　　　　　　　　　　　　　　　　　（換手）

　　4分：　可獨立完成。

　　3分：　會主動換手，但偶而掉落。

　　2分：　扶助手肘下有換手動作。

　　1分：　有手互靠動作，但無法換手。

　　0分：　無法動作。

2-6　以掌面抓東西，如抱奶瓶　　　　　　　　　　　　　　　（手掌抓握）

　　4分：　每次均可獨立完成。

　　3分：　口頭提示正確動作或示範下會出現手掌抓握，或有 2/3 次手掌抓
　　　　　　握。

　　2分：　照顧者扶其手肘時，有握的動作。

　　1分：　有伸手碰觸動作。

　　0分：　無法動作。

2-7　拿東西往嘴巴塞　　　　　　　　　　　　　　　　　　　（手口協調）

　　4分：　可獨立完成。

　　3分：　會拿東西往嘴巴塞，但會掉落。

　　2分：　扶助手肘下，可以拿東西往嘴巴塞。

　　1分：　有拿動作，但無法往嘴巴塞。

　　0分：　無法動作。

2-8　個案會將拿在手上的東西雙手互碰或有連續敲打動作　　（雙手敲擊）

　　4分：　會將拿在手上的東西雙手互碰或有連續敲打動作。

　　3分：　有連續敲打動作，但沒有雙手互碰動作。

　　2分：　有敲動作，但只能一下，非連續動作。

　　1分：　手部有握的動作，但沒有敲擊動作。

　　0分：　沒反應或排斥或過度偏好。

★副領域七：適應行為

1.情緒、社會性

1-1 聽到熟悉者（如父母或照顧者）的聲音會特別的高興

（認識熟悉者聲音）

    4分： 每次均可正確反應。

    3分： 有反應但反應較慢。

    2分： 有反應的機率約為 1/2。

    1分： 偶有反應。

    0分： 沒反應。

1-2 與親人分開時，個案會表現出不安的情緒　　　　（分離焦慮）

    4分： 每次均可正確反應。

    3分： 有反應但反應較慢。

    2分： 有反應的機率約為 1/2。

    1分： 偶有反應。

    0分： 沒反應。

1-3 個案喜歡玩躲貓貓的遊戲　　　　　　　　　　（躲貓貓遊戲）

    4分： 每次均可正確反應。

    3分： 有反應但反應較慢。

    2分： 有反應的機率約為 1/2。

    1分： 偶有反應。

    0分： 沒反應。

1-4 個案會認生，害怕陌生人　　　　　　　　　　　　　（適當怕生）
　　4分：每次均可正確反應。
　　3分：有反應但反應較慢。
　　2分：有反應的機率約為 1/2。
　　1分：偶有反應。
　　0分：沒反應。

1-5 拿走個案手上的玩具，他會抵抗或發脾氣　　　　　（表示抗議）
　　4分：每次均可正確反應。
　　3分：有反應但反應較慢。
　　2分：有反應的機率約為 1/2。
　　1分：偶有反應。
　　0分：沒反應。

1-6 個案會表示出生氣、害怕、快樂、滿足的情緒　　　（情緒表達）
　　4分：每次均可依情境表現適當情緒。
　　3分：有反應但反應較慢。
　　2分：有反應的機率約為 1/2。
　　1分：偶有反應。
　　0分：沒反應。

2.口語前溝通能力

2-1 聽到熟悉、和善的聲音會靜下來；聽到生氣的聲音通常會驚嚇、不安
　　　　　　　　　　　　　　　　　　　　　　　　（聽懂語氣）
　　4分：每次均可正確反應。
　　3分：有反應但反應較慢。
　　2分：有反應的機率約為 1/2。
　　1分：偶有反應。
　　0分：沒反應。

2-2 有聲音靠近時會暫停正在進行的活動 （注意聲音）

　　4分： 每次均可正確反應。

　　3分： 有反應但反應較慢。

　　2分： 有反應的機率約為 1/2。

　　1分： 偶有反應。

　　0分： 沒反應。

2-3 聽到有節奏的音樂，會配合音樂搖動身體或頭 （音樂辨聽）

　　4分： 每次均可正確反應。

　　3分： 有反應但反應較慢。

　　2分： 有反應的機率約為 1/2。

　　1分： 偶有反應。

　　0分： 沒反應。

2-4 個案會對「不」的指示作出反應，停止他的動作或望著照顧者

（了解不可以）

　　4分： 每次均可正確反應。

　　3分： 有反應但反應較慢。

　　2分： 有反應的機率約為 1/2。

　　1分： 偶有反應。

　　0分： 沒反應。

2-5 認識圖片名稱時，會很有興趣的注視這張圖片一分鐘之久

（圖片注視）

　　4分： 每次均可正確反應。

　　3分： 有反應但反應較慢。

　　2分： 有反應的機率約為 1/2。

　　1分： 偶有反應。

　　0分： 沒反應。

2-6 認得常見物品的名稱，如照顧者說「電燈在那裏？」時，會目視電燈

（物品名稱理解）

4分： 每次均可正確反應。

3分： 有反應但反應較慢。

2分： 有反應的機率約為 1/2。

1分： 偶有反應。

0分： 沒反應。

2-7 被逗弄時，會以笑聲及其他愉快的聲音作為反應　　　（回應逗弄）

4分： 每次均可正確反應。

3分： 有反應但反應較慢。

2分： 有反應的機率約為 1/2。

1分： 偶有反應。

0分： 沒反應。

2-8 可以用不同的聲音來表示意思　　　　　　　　（聲音表示意思）

4分： 每次均可正確表示。

3分： 有反應但反應較慢。

2分： 偶有不同情緒表示。

1分： 只有哭的反應。

0分： 沒反應。

2-9 經常發出一連串的聲音，好像在說話　　　　　　（喃喃兒語）

4分： 經常發出一連串的聲音。

3分： 在照顧者逗弄下會發出一連串的聲音。

2分： 偶而發出一連串的聲音。

1分： 偶而發出一個聲音。

0分： 沒反應。

2-10 使用一些肢體語言（如會適當的搖頭表示「不要」等）（肢體語言）

    4分：使用一些肢體語言，表示意思。

    3分：只會用搖頭、點頭表示。

    2分：有表情表示。

    1分：只有哭的反應。

    0分：沒反應。

2-11 個案會發出一些聲音好像在回應照顧者說話　　　　（互動回應）

    4分：與照顧者互動時，經常發出一些聲音回應。

    3分：在照顧者逗弄下會發出一些聲音。

    2分：偶而出聲音，但是無意義發聲。

    1分：只有哭聲。

    0分：沒反應。

3.認知概念

3-1　玩具如果離開個案的視線，個案會去尋找　　　（物體恆存概念）

    4分：每次均可正確反應。

    3分：有反應但反應較慢。

    2分：有反應的機率約為 1/2。

    1分：偶有尋找動作。

    0分：沒反應。

3-2　對靠近的物品，個案會想要伸手抓取　　　　（探索動機）

    4分：每次均可正確反應。

    3分：有反應但反應較慢。

    2分：有興奮的表情，但無法伸手。

    1分：偶有注視行為。

    0分：沒反應。

3-3 個案會注意鏡子裡的自己或影像，有時會發出聲音 　　（自我覺知）

　　4分： 每次均可正確反應。

　　3分： 會注意鏡子裡的自己或影像，但反應較慢。

　　2分： 有反應的機率只有 1/2。

　　1分： 偶有反應。

　　0分： 沒反應。

3-4 個案會嘗試推開障礙物，尋找自己想要的東西 　　（探索行為）

　　4分： 每次均可正確反應。

　　3分： 有反應但反應較慢。

　　2分： 有不安的表情，沒有尋找企圖。

　　1分： 只有哭。

　　0分： 沒反應。

3-5 個案對於玩具、物品產生興趣，會用手去探索、撥弄玩具、物品

　　　　　　　　　　　　　　　　　　　（玩具、物品操弄）

　　4分： 每次對於玩具、物品產生興趣，會用手去探索、撥弄玩具、物品。

　　3分： 有反應但動作、反應較慢。

　　2分： 有產生興趣的反應，但沒有探索企圖。

　　1分： 只有看一下。

　　0分： 沒反應。

肆、評量與施測方法

一、哪一類個案適用本評量工具

由於國內對於殘障等級之鑑定仍流於主觀性，所以殘障手冊上之「極重度多重障礙」之殘障等級，實不能作為使用本工具之依據；換言之，被診斷為「極重度多重障礙」者，並不一定適用本評量工具作為個別化服務計畫（ISP）或個別化教育計畫（IEP）擬定之依據；特別是身心障礙個案，因為他們即使被鑑定為「極重度多重障礙」，但若透過適當療育，仍具有部分發展潛能。為避免使用本評量工具之不足，對於使用本評量工具之前，應對個案之適用條件加以限制。

使用本評量工具之個案適用條件為：

①清醒時間少於 50%。

②完全沒有自我照護能力，且無潛能建立自我照護能力者。

③個案活動限制於床上或椅子，無法自主移動者。

④個案活動能力評估表（克氏量表 Karnofsky Scale）為 4 分者。

⑤有特殊醫療照護需求，如：胃造簍或插鼻胃管方法、呼吸功能欠佳需拍痰等。

◆個案活動能力評估表（克氏量表 Karnofsky Scale）的評分標準：

0 分： 完全活動——能維持所有活動，不受限制。

1 分： 能步行及維持輕度工作（簡單家務、辦公室工作），但受限於體力消耗量大的活動。

2 分： 能步行及維持自我照顧，但無法進行辦公、家務。50%以上清醒時間，可以起床活動，不限制在椅子或床上活動。

3 分：　只能維持有限自我照顧，50%以上清醒時間，活動限制在椅子或床上活動。

4 分：　完全無法行動，無法自我照顧且完全限制在椅子或床上活動。

二、使用本評估工具之方法

　　「極重度多重障礙個案照護與療育課程評量」主要分**「照護領域」**及**「基本能力訓練」**兩大主領域，其評量之方式可以由治療師或特教老師利用觀察或直接施測方式進行；評量時應盡量於一般自然情境中進行，施測者應熟悉個案後，再多加誘發引導，觀察個案表現。

1. 因為極重度多重障礙個案普遍在醫療照護、生活照護上有極高需求，且其生理狀況普遍不佳，所以主領域一「照護領域」的評量觀察，是非常重要的。在「生理功能穩定」副領域，老師或照顧者藉由觀察個案之呼吸情形、體溫心跳之測量及飲水量與排尿量之記錄，來了解個案生理功能穩定情形；對於有癲癇之個案應作癲癇紀錄，以了解個案癲癇發作情形、次數。在「生活照護」副領域部分，就必須由平日保育工作中觀察，例如：餵食時，觀察個案有無異常哽嗆、嘔吐，進食吞嚥時之口腔動作情形；有關如廁、清潔照護部分，則利用處理個案如廁或身體清潔時逐項觀察。有關「醫療照護與復健」副領域之評量，最好結合專業人員（治療師、護理人員）作評量，特別是「被動關節運動」部分，無論是評量或提供個案之被動關節運動訓練，都應在物理治療師指導下進行。

2. 主領域二「基本能力訓練」則分為「覺醒程度」、「感官反應」、「身體動作」及「適應行為」四個副領域，主要評量設計在於考量重殘個案仍有發展或訓練潛能，所以，以正常一歲個案應具備之基本能力為架構，作為評量及訓練之依據。所以，主領域二「基本能力訓練」的內容將作為擬定訓練目標之依據。

3. 有關「覺醒程度」、「感官反應」、「身體動作」及「適應行為」四個副領域之評量，老師或照顧者可以利用直接施測或情境觀察方式來作逐項評估，

並依每項題目之計分標準計分，分別於該分領域之側面圖上畫出能力表現之側面圖。

三、評量後的個別化服務（教育）計畫擬定

　　每個特殊需要的個案或身心障礙者的特質及需求都是獨特且唯一的。所以，沒有一套訓練或教學課程適合於所有個案；也因為如此，每位身心障礙者都必須有屬於他們的個別化服務計畫（ISP；Individualized Service Program）或個別化教育計畫（IEP；Individualized Education Program），並作為提供服務或訓練之依據。

　　IEP／ISP 內容：

1. 個案基本資料：包括個案姓名、年齡、診斷、出生史、疾病史、家庭狀況等。

2. 評量結果及綜合研判：擬定 IEP 前應針對個案現有能力做評量。通常早期療育課程評量可以應用「發展性課程評量」、「PORTAGE 評量」，或其他以發展為架構之評量工具；在完成孩子的各個領域發展評量後，將評量結果作成綜合研判報告。

3. 安置方式及提供之相關服務：對個案安置於什麼班？安排何種治療？或提供何種特別服務，如輔助器具等，須一一述明。

4. 個案目前各領域能力描述：針對個案在每個領域的現有能力及學習之起點行為，需加以描述，作為目標擬定的參考。

5. 各領域之長程及短程目標：若每一學期為個案訂一次 IEP 計畫，則長程目標為一學期目標，短期目標多為月目標。

6. 計畫實施期限、方式、策略；學習前評量及學習後評量；計畫執行者等操作內容的註明。

　　因為極重度多重障礙個案在醫療照護、生活照護上有極高需求，且其生理狀況普遍不佳，所以對於主領域一「照護領域」的「生理功能穩定」、「生

活照護」及「醫療照護與復健」三大部分，並不列訓練目標，而需列入每日的照護與觀察中，並記錄於「照護領域記錄表」中；也就是說，使用本評量工具作為 IEP、ISP 目標擬定依據時，「照護領域」並不列目標，只針對主領域二「基本能力訓練」的各副領域訂定訓練目標。

　　一份完整而適當的個別化教育計畫是執行有效教學最重要的起步。由於國內缺乏對於「極重度多重障礙」之評量工具與服務架構，所以更遑論這類個案的 IEP（ISP）了！

　　如何使用「極重度多重障礙個案照護與療育課程評量」，為「極重度多重障礙」個案擬定合宜之 IEP（ISP）計畫，提供照護與療育並重的服務模式，以下將以案例方式呈現，以協助讀者應用。

＿＿＿＿＿中心重殘個案照護領域記錄表

姓名：＿＿＿＿＿　執行者：＿＿＿＿＿　治療師：＿＿＿＿＿　督導：＿＿＿＿＿

項目 ＼ 日期				
呼吸（次、痰聲）				
體溫（℃、時間）				
心跳（次、規律）				
進食、飲水量				
哽嗆情形				
排尿情形				
解大便情形				
口腔照護				
洗、擦臉				
洗、擦手				
拍痰（時間）				
覺醒時間				
癲癇（次、狀況）				
定期服藥（時間）				
藥名				
復健處遇				
特殊事項				

有關復健處遇，是由治療師依個案情形填上，多為被動關節運動

醫師看診記錄	醫囑：	簽名： 日期：

四、「極重度多重障礙個案」個別化教育計畫之案例說明

個案基本資料：

鄭○○，男孩，現年為五歲六個月，被診斷為極重度多重障礙，個案因早產且伴隨腦部發育不全，而有嚴重腦傷；個案全身肌肉張力過高，無法自主性活動，並且伴隨視覺和聽覺損傷，對外界刺激反應少；個案目前有嚴重癲癇，定期服用抗癲癇藥物，但仍有癲癇發作情形。

個案目前就讀於○○兒童發展中心，入學迄今有九個月，本份 IEP 為中心早療老師、物理治療師、職能治療師、語言治療師共同為個案擬定的 IEP 計畫，有效實施期限為半年。

IEP 範例與側面圖：

多重障礙個案照護與療育課程評量總側面圖

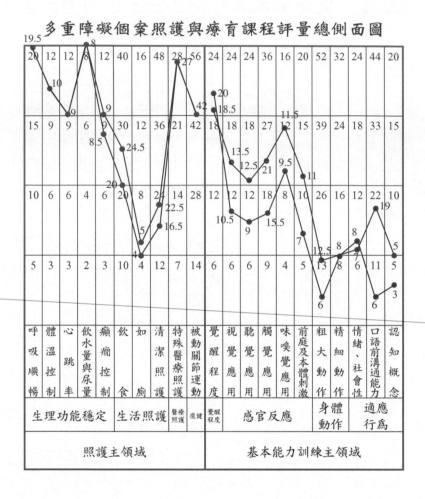

圖一　多重障礙個案照護與療育課程評量總側面圖

照護主領域評量側面圖

副領域一：生理功能穩定

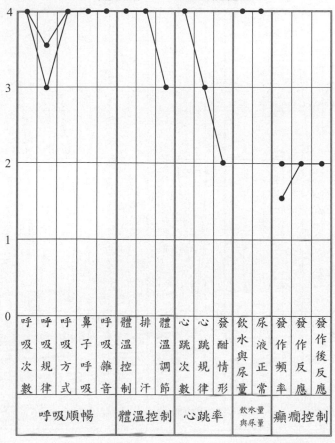

圖二　副領域一：生理功能穩定

照護主領域評量側面圖

副領域二：生活照護

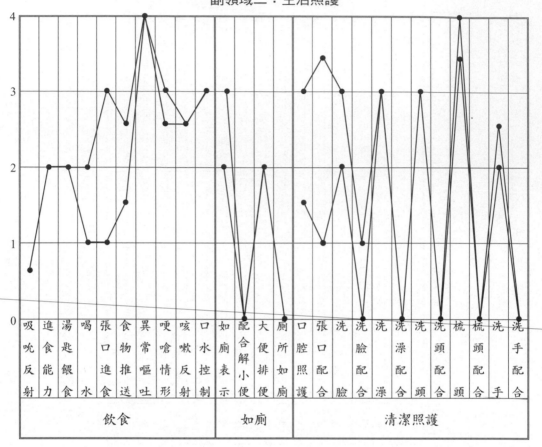

圖三　副領域二：生活照護

照護主領域評量側面圖

副領域三：特殊醫療照護與復健

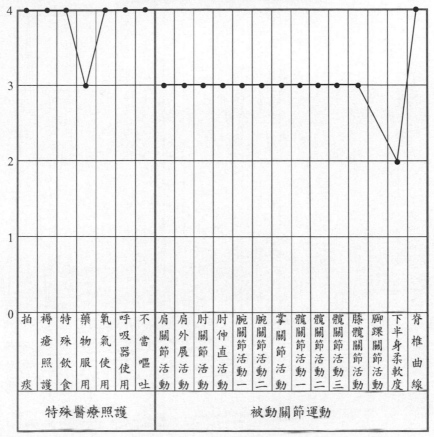

圖四　副領域三：特殊醫療照護與復健

基本能力訓練主領域評量側面圖

副領域四：覺醒程度

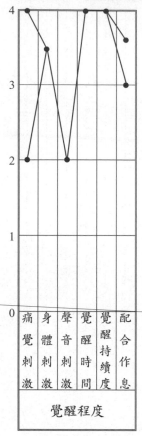

圖五　副領域四：覺醒程度

基本能力訓練主領域評量側面圖

副領域五：感官反應（一）

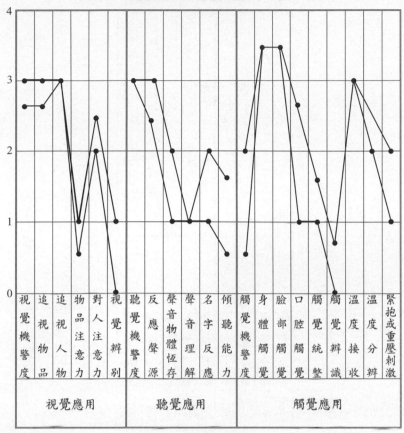

圖六　副領域五：感官反應（一）

基本能力訓練主領域評量側面圖

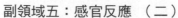
副領域五：感官反應（二）

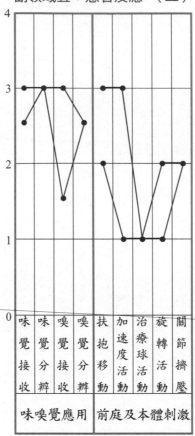

圖七　副領域五：感官反應（二）

基本能力訓練主領域評量側面圖

副領域六：身體動作

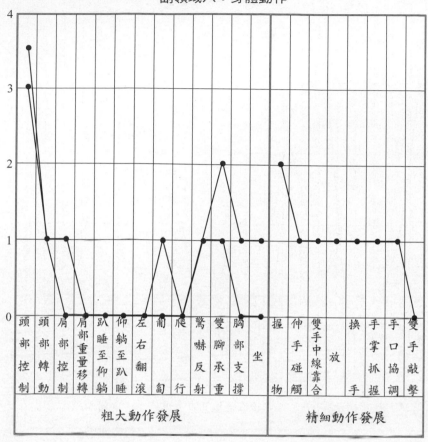

図八　副領域六：身體動作

基本能力訓練主領域評量側面圖

副領域七：適應行為

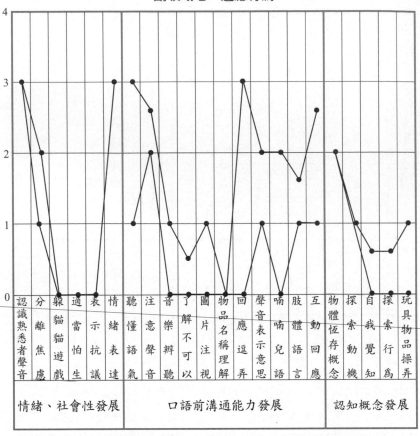

圖九　副領域七：適應行為

台北市〇〇〇〇中心個別化教育計畫表

本計畫有效期限：93.08.09～94.02.28　填表人：〇〇〇

一、基本資料：

學生姓名：<u>鄭〇〇</u>　性　別：<u>　男　</u>　出生日期：<u>〇〇年〇月〇日</u>　入學日期：<u>〇〇年〇月〇日</u>

家長姓名：　　　電　話：　　　住　址：

教學組長：〇〇〇　主　任：〇〇〇

追蹤事項	執行者	完成日期	追蹤情形描述

二、各項服務安置：

	項目	方式	內容	負責人
上階段安置情況	物理治療	個別化訓練／團體訓練	被動關節運動／粗大動作	〇〇〇治療師
	職能治療	個別化訓練／團體訓練	前庭及本體刺激／精細動作	〇〇〇治療師
	語言治療	個別化訓練／團體訓練	吞嚥能力訓練／語言表達	〇〇〇治療師
	日托	個別／小組／角落／團課	感官教學／人際社會發展／認知	〇〇〇早療老師
現階段安置情況	物理治療	個別化訓練／團體訓練	被動關節運動／粗大動作	〇〇〇治療師
	職能治療	個別化訓練／團體訓練	前庭及本體刺激／精細動作	〇〇〇治療師
	語言治療	個別化訓練／團體訓練	吞嚥能力訓練／語言表達	〇〇〇治療師
	日托	個別／小組／角落／團課	感官教學／人際社會發展／認知	〇〇〇早療老師

評量結果綜合研判分析報告

學生姓名：鄭○○　　　性別：　男　　　出生日期：○○年○月○日

入學日期：○○年○月○日　評量日期：○○年○月　　評量者：○○○、○○○

領域	現況摘要	建議事項
一、生理功能穩定	(1)呼吸順暢：○○平常用鼻子規律的呼吸，呼吸次數每分鐘平均約20～24次，偶爾會因生病、呼吸及雜痰聲並用口呼吸。 (2)體溫控制：○○在學校體溫，大約維持36至37度左右。當環境溫度較高時，可以正常排汗；當環境溫度低時，在適當衣物保暖下，仍有手腳冰冷及肢體末端輕微發酣情形。 (3)心跳率：○○心跳規則，每分鐘約80～100下。 (4)飲水量及排尿量：○○飲水量及尿量可維持平衡。尿液顏色為淡黃、無異味，腳板有輕微水腫情形。 (5)癲癇控制：這個學期○○在學校的活動作息時，已可以在熱悉的人陪同下參加活動，校外教學也可以在熟悉的人陪同下參加的情形。但如聲音太大或太吵時，全身仍會呈現高張的情形。	
二、生活照護	(1)飲食：平時餵食時，以軟湯匙輕碰下唇，○○能配合張口接受餵食藥狀食物和半固體食物（如布丁、軟湯、蒸蛋）；而感冒時，○○配合張口較小，需少許下類控制協助助張口，且進食時會不斷流出口水或將食物抵出，情緒不住時，起張力，且容易出現咬合反射而將湯匙咬住，需少許下類控制協助助張口；○○ 　進食方式目前仍以舌頭前後送為主。 (2)如廁：○○目前整天包尿布，尿濕後有時會有排便，在學校沒有排便習慣，每天晚上由媽媽帶至廁所協助排便，約一至二天排便一次，大便偏硬，兩三天沒排便才需服用軟便劑。 (3)清潔照護：○○目前使用一般兒童牙刷清潔牙齒，可接受老師協助刷牙、洗臉、洗手，但沒有配合動作。有時情緒不住時有側內側牙齒力起張力而引起齒若齒停	

- 62 -

領域	現況摘要	建議	項目
	留時間過長易引起咬合反射而將牙刷咬住。 (4)特殊醫療：目前長期服用抗癲癇藥 Baclon 10mg 早晚 2顆、Phenobarbital 30mg 早晚一顆，也經常服用感冒藥，併有中耳炎情形。 (5)被動關節運動：休息時手、腳的張力為輕度高張，但在做動作時則受中至重度張力影響。肩膀關節角度大致在正常範圍內，但是兩邊腳踝勾起、大腿外張、肩膀高舉的末角度較緊。		
三、覺醒程度	○○在學校精神狀況良好，沒有嗜睡情形，午睡後予輕抬或移動身體即會醒來，且不再睡著。但有時感冒或需針灸時，午休會較沉睡，而需要較多身體刺激才醒來。		
四、感官反應	(1)視覺應用：在入學時○○的視力檢查為左眼近視 500 度，右眼近視約為 600 度，半年後的追蹤媽媽已在安排門診檢查，尚未做完。在上課時，可以短暫注視物品 1～2秒後將眼球再轉回來；追視物品則可維持較長的一段時間，黑暗中○○等待一段時間後，會短暫注視光源，在黑暗中可正確追視的看一秒就轉開。對於陌生人靠近時，○○會一直瞄對方，眼球轉動會很快速的看一秒就轉開。 (2)聽覺應用：○○在○○醫院追蹤聽力檢查，結果顯示有聽力受損；目前○○在叫他的名字或音量轉大時，會發出聲響或腳舞動等待大，○○會有突然的聲音或聲響轉向聲源；對於熱鬧大遠弄，也會將眼球轉向聲源；對於突然較大的吵雜聲，○○會有驚嚇反射。 (3)觸覺應用：在飯後清潔時，○○可以接受刷牙，但對於不同溫度刺激，○○對於熱會握拳；洗手時可以放鬆的給大人擦拭；對於不同材質的物品及玩具，可以接受碰觸手部，冰冷的則沒有反應。對於材質握住時會維持 5～8秒才慢慢放開；握住物品時會碰觸手部，協助握住物品時則可維持 5～8秒才慢慢放開。 (4)味嗅覺刺激：○○對於不同的味道可以接受嘗試，對於檸檬則會有討厭皺眉的表情出現；午飯時聞到飯香會有咀嚼嘴巴咀嚼的動作。 (5)前庭及本體刺激：○○可以接受大人抱抱；在上午時○○較可以接受在鞦韆上搖晃、上課時也可以接受在球池活動；午休側臥時○○會有自己有翻正的動作作出現。		

領域	現況摘要	建議事項
五、身體動作訓練	(1)粗大動作：○○躺著時候，手腳經常都是伸直的，只有左腳會自己彎起一踢一踢。趴著時，大量提醒下能把左腳彎起後踢直來爬行一步；擺放在趴著的姿勢，扶助肩胛盆下，頭能抬起看前方維持至少20秒。擺放在坐的姿勢，扶助身體能維持抬頭挺背約5～8秒。扶持腋下站著，兩腳能稍微支撐體重。 (2)精細動作：○○的手少有自主動作，但是緊張時左手經常會高舉。趴著時能用手肘支撐上半身至少40秒。支持下坐，能接受手部的關節擠壓運動，但是對於高舉時的動作只能忍受5秒，能領下手能跨越身體中線，自主動作未出現。其餘雙手動作皆須大量協助。	
六、適應行為訓練	(1)情緒、社會性發展：早上到學校，熟悉的老師逗弄、問早，○○能微笑並發出聲音回應；對學校作息已能接受，參與原本會緊張哭泣的團課、律動以及等大家一起吃午餐都能配合不再哭泣，但面對不熟悉的人則會緊張哭泣仍會吃過過長時間。下午點心時間吃完要有熟悉大人抱抱，這學期的校外教學○○可以在熟悉的人陪同下參加。 (2)口語溝通能力的發展：環境中有人說話時，○○會轉頭追視，對○○說話時，○○也能短暫注視；逗弄時，會以聲音或表情或會發出一連串的聲音呼喚大人；而不高興或不舒服時則會以哭聲表示；聽到大聲的聲音會緊張而出現張力，在熟悉大人的聲音、肢體安撫下能放鬆下來。 (3)認知發展：在○○面前注視、○○眼球會左右轉動尋找玩具，對鏡中的自己能短暫注視。而對所提供的各種玩具、物品則需肢體帶領肢體觸領、探索。	

台北市○○○○中心早療部個別化教育計畫總表

鄭○○　第二次個別化教育計畫書──《目標總表》

執行期間：93年8月～94年2月　　　　執行者：○○○

領域	長程目標	短程目標
一、粗大動作	1. 維持關節功能	1-1 能接受軀幹旋轉運動。 1-2 能接受被動關節運動與輕度拉筋。 1-3 能接受關節擠壓運動。
	2. 誘發粗大動作發展	2-1 大量協助下能貼地爬30公分。 2-2 大量協助下能左右翻身。 2-3 趴滑板時，手有撥的動作。
二、精細動作	1. 提升雙手的動作控制能力	1-1 輕拍肢體誘發下，手有伸向物品的動作。 1-2 協助下雙手能在身體中線互碰。
三、感官領域	1. 增進口腔動作的經驗	1-1 進食時雙唇能有報的動作。 1-2 能有舌頭側送的動作。 1-3 雙唇能包住鴨嘴杯喝水。
	2. 提升感官區辨能力	2-1 對於視覺刺激能立即回應並持續一段時間。 2-2 對於不同的聲音（頻率）刺激能有回應。 2-3 對於不同的觸覺刺激能有回應（如：材質、力量、溫度……等）。
四、社會適應	1. 提升學校環境適應能力	1-1 能接受環境中不同的聲音。 1-2 能配合作息等待不哭泣。 1-3 能接受與不同大人的互動。
五、認知領域	1. 提供認識各種感官玩具和實物的經驗	1-1 帶領下能認識各種感官玩具和實物 1-2 能對各種感官玩具和實物有回應。

台北市○○○○中心早療部個別化教育計畫

鄭○○　第二次個別化教育計畫書──《教育／治療目標及評鑑》

執行期間：93年8月～94年2月　　設計者：○○○　　執行者：○○○

領域：粗大動作

○○躺著時候，手腳經常都是伸直的，只有左腳會自己彎曲一踢一踢。趴著時，大量提醒下能彎起左腳後踢著腳直來爬行一步。擺放在坐的姿勢，擺放用手肘撐的姿勢，能維持抬頭挺背約5～8秒。扶持腋下站著，兩腳能稍微支撐體重。

長程目標	教學策略	教學時間起訖日期	評（教學前）	評（教學後）	鑑 目標達成之原因	教學決定 是否繼續？原因
1. 維持關節功能	復健課	93.08~94.02	1			
2. 誘發粗大動作發展	體能活動、個別治療	93.08~94.02	0			

短程目標	教學策略	教學時間起訖日期	評（教學前）	評（教學後）	鑑 目標達成之原因	教學決定 是否繼續？原因
1-1 能接受軀幹旋轉運動。	復健課	93.08~94.02	0			
1-2 能接受被動關節運動與輕度拉筋	復健課	93.08~94.02	1			
1-3 能接受關節擠壓運動。	復健課	93.08~94.02	1			
2-1 大量協助下能貼地爬30公分。	體能活動、個別治療	93.08~94.02	0			
2-2 大量協助下能左右翻身	體能活動、個別治療	93.08~94.02	0			
2-3 趴滑板時，手有撥板的動作。	體能活動、個別治療	93.08~94.02	0			

說明：1. 教學策略：個別、小組、團體或各種教學情境，以個別化目標決定。
　　　2. 教學時間：長程目標以〔學期〕為主，短程目標以〔週〕或〔日〕為主。
　　　3. 評：參考評量工具之計分標準：0：無反應　1：25%有反應　2：50%有反應　3：部分協助下完成　4：獨立完成。

台北市○○○○中心早療部個別化教育計畫

鄭○○　第二次個別化教育計畫書

執行期間：93年8月~94年2月

《教育／治療目標及評鑑》

設計者：○○○　　執行者：○○○

領域：精細動作

○○的手少有自主動作，但是緊張時左手經常會高舉。趴著時能用手肘支撐上半身至少40秒。支持下坐著，能接受手部的關節擠壓運動，但是對於高舉時的動作只能忍受5秒；帶領下手能跨越身體中線，自主動作未出現。其餘雙手動作皆須大量協助。

長程目標 短程目標	教學策略	教學時間 起訖日期	評鑑 教學前	評鑑 教學後	目標達成之原因 目標未達成之原因	教學決定 是否繼續？原因
1.提昇手的動作控制能力	隨機、個別治療	93.08-94.02	1			
1-1 輕拍肢體誘發下，手有伸向物品的動作	隨機、個別治療	93.08-94.02	1			
1-2 協助下雙手能在身體中線互碰	隨機、個別治療	93.08-94.02	1			

說明：1.教學策略：個別、小組、團體或各種教學情境，以目標決定。
　　　2.教學時間：長程目標以〔學期〕為主，短程目標以〔週〕或〔日〕為主。
　　　3.評　鑑：參考評量工具之計分標準：0：無反應　1：25%有反應　2：50%有反應　3：部分協助下完成　4：獨立完成。

台北市〇〇〇〇中心早療部個別化教育計畫

鄭 〇〇〇 第二次個別化教育計畫書——《教育／治療目標及評鑑》

執行期間：93年8月～94年2月 　　設計者：〇〇〇 　執行者：〇〇〇

領域：

感官領域

(1)視覺應用：在入學時〇〇的視力檢查為左眼近視500度，右眼近視約為600度，半年後的追蹤媽媽已在安排門診檢查，尚未做完。在上課時，可以短暫注視物品1～2秒，就會將眼球開始轉開約1～2秒後眼球再轉回來注視；追視物品時則可維持較長的一段時間；黑暗中〇〇等待一段時間，會短暫注視光源，在黑暗中可正確追視視物品；對於陌生人靠近近時，〇〇會一直瞄對方，眼球轉動會很快速的看一秒就轉開。

(2)聽覺應用：〇〇在〇〇醫院追蹤聽力檢查，結果顯示有聽力受損；目前〇〇聽到熟悉大人的聲音或叫喚自己名字時，會發出聲音回應或手腳舞動等待大人逗弄，也會將眼球轉向聲源；對於突然的聲響或較大的吵雜聲，〇〇有驚嚇反射。

(3)觸覺應用：在飯後清潔時，〇〇可以放鬆的給大人擦拭；對於不同材質可以接受刷牙，但嘴巴張的很小，洗臉時會報拳，對於不同溫度刺激，〇〇對於熱嘴、洗手時可以放鬆的反應。對於不同材質的物品及玩具，可以接受碰觸手部，協助握住冰的則沒有反應。對於不同材質的物品及玩具，〇〇會握住物品時會被動握持維持5～8秒才慢慢放開。

(4)味嗅覺刺激：〇〇對於不同的味道可以接受嘗試，對於榴槤、檸檬則有討厭皺眉的表情出現，午飯時聞到飯香會有嘟嘴咀嚼的動作。

(5)前庭及本體刺激：〇〇可以接受大人擁抱，在上午〇〇較可以接受在報上搖晃，上課時也可以接受在球池活動；午休側臥時〇〇會自己有翻正的動作出現。

長程目標	教學策略	教學時間 起訖日期	評 教學前	鑑 教學後	目標未達成之原因	教學決定 是否繼續？原因
1.增進口腔動作的經驗	進食時間	93.08-94.02	1			
2.提昇感官區辨能力	小組活動、感官角	93.08-94.02	2			

短程目標	教學策略	教學時間 起訖日期	評 教學前	鑑 教學後	目標未達成之原因	教學決定 是否繼續？原因
1-1 進食時雙唇能有抿的動作	進食時間	93.08-94.02	1			
1-2 能有舌頭側送的動作	進食時間	93.08-94.02	0			
1-3 雙唇能包住鴨嘴杯喝水	進食時間	93.08-94.02	0			
2-1 對於視覺刺激能立即回應並持續一段時間	小組活動、感官角	93.08-94.02	2			
2-2 對於不同的聲音（頻率）刺激能有回應	小組活動、感官角	93.08-94.02	1			
2-3 對於不同的觸覺刺激能有回應（如：材質、力量、溫度…等）	小組活動、感官角	93.08-94.02	2			

說明：1.教學策略：個別、小組、團體或各種教學情境，以目標決定。
2.教學時間：長程目標以〔學期〕為主，短程目標以〔週〕或〔日〕為主。
3.評　鑑：參考評量工具之計分標準：0：無反應　1：25%有反應　2：50%有反應　3：部分協助下完成　4：獨立完成。

台北市○○○○中心早療部個別化教育計畫

鄭○○　第二次個別化教育計畫書─《教育／治療目標及評鑑》

執行期間：93年8月~94年2月　　設計者：○○○　　執行者：○○○

領域：社會適應

早上到學校，熟悉的老師遠來、問早，○○能微笑並發出聲音回應；○○對學校作息已能接受，參與原本會緊張的團課、律動以及和大家一起吃午餐都能配合不再哭泣，但面對不熟悉的人則會緊張，或等待時間過長仍會哭泣；下午點心時間吃完飯要哭泣要大人抱抱，這學期的人陪同下參加。環境中有說話聲時，○○會轉頭追視，對○○說話時，○○也能短暫注視；逗弄時，會以表情或哭泣表示，也會發出一連串的聲音呼喚大人；而不高興或不舒服時則會以哭聲與肢體安撫下能放鬆；聽到大聲音的聲音、肢體活動下能放鬆下來。

長程目標	教學策略	教學時間 起訖日期	評 教學前	鑑 教學後	目標未達成之原因	教學決定 是否繼續？原因
1.提昇學校環境適應能力	隨機		1			
短程目標	教學策略	教學時間 起訖日期	評 教學前	鑑 教學後	目標未達成之原因	教學決定 是否繼續？原因
1-1 能接受環境中不同的聲音	隨機		1			
1-2 能配合作息等不哭泣	隨機、課程轉換		2			
1-3 能接受與不同大人的互動	隨機、小組活動		2			

說明：1.教學策略：個別、小組、團體或各種教學情境，以目標決定。
　　　2.教學時間：長程目標以〔學期〕為主，短程目標以〔週〕或〔日〕為主。
　　　3.評鑑：參考評量工具之計分標準：0：無反應　1：25%有反應　2：50%有反應　3：部分協助下完成　4：獨立完成。

台北市○○○○中心早療部個別化教育計畫

鄭○○　第二次個別化教育計畫書──《教育／治療目標及評鑑》

執行期間：93年8月～94年2月　　　　設計者：○○○　　執行者：○○○

領域：

認知領域

長程目標	短程目標	教學策略	教學時間 起訖日期	評鑑 教學前	評鑑 教學後	目標未達成之原因	教學決定 是否繼續？原因
1.提供認識各種感官玩具和實物的經驗	1-1 帶領下能認識各種感官玩具和實物	感官角、單元教學		0			
	1-2 能對各種感官玩具和實物有回應	感官角、單元教學		1			
		感官角、單元教學		0			

注視。而對提供的各種玩具、物品則需領帶領肢體領導觸摸、探索。

在○○面前藏起玩具，○○眼球會左右轉動尋找玩具。對鏡中的自己偶而能短暫

說明：1.教學策略：個別、小組、團體或各種教學情境，以目標決定。
　　　2.教學時間：長程目標以〔週〕或〔日〕為主，短程目標以〔週〕或〔日〕為主。
　　　3.評　鑑：參考評量工具之計分標準：0：無反應　1：25%有反應　2：50%有反應　3：部分協助下完成　4：獨立完成。

-71-

_____中心重殘個案照護領域記錄表（範例）

姓名：鄭 ○ ○執行者：○ ○ ○治療師：○ ○ ○督導：○ ○ ○

項目 ＼ 日期	93.9.3	93.9.4	93.9.5	93.9.6	93.9.7
呼吸（次、痰聲）	24次/分、有痰	22次/分、有痰	20次/分	20次/分	22次/分、有痰
體溫（℃、時間）	37	36.8	37	36.9	36.5
心跳（次、規律）	96	100	98	102	106
進食、飲水量	正常	正常	正常	正常	正常
哽嗆情形	無	一次	無	無	無
排尿情形	正常	正常	正常	正常	正常
解大便情形	無	無	解便一次	無	解便一次
口腔照護	接受	抗拒	接受	抗拒	接受
洗、擦臉	接受	接受	接受	接受	接受
洗、擦手	接受	接受	接受	接受	接受
拍痰（時間）	9AM、1PM	9AM、1PM	9AM、1PM	9AM、1PM	9AM、1PM
覺醒時間	9AM-10AM 11AM-1PM 3PM-5PM	8AM-10AM 12AM-3PM 沒睡午覺、哭鬧	9AM-11AM 2PM-5PM 精神佳	9AM-10AM 11AM-1PM 3PM-5PM	10AM-11AM 1PM-2PM 嗜睡
癲癇（次、狀況）	2次/大發作				

定期服藥（時間）	9AM	1PM	5PM	9AM	1PM	5PM	9AM	1PM	5PM	9AM	1PM	5PM	9AM	1PM	5PM
藥名 Baclon 10mg	✓			✓			✓			✓			✓		
Valium 2mg	✓			✓			✓			✓			✓		
Phenobarbita 130mg	✓		✓	✓		✓	✓		✓	✓			✓		✓

復健處遇		93.9.3	93.9.4	93.9.5	93.9.6	93.9.7
	肩關節活動	✓	✓	✓	✓	✓
	髖關節活動	✓	✓	✓	✓	✓
	腕關節活動	✓	✓	✓	✓	✓
	脊椎柔軟度	✓抗拒哭泣	✓抗拒哭泣	✓抗拒哭泣	✓抗拒哭泣	✓抗拒哭泣
	關節擠壓	✓	✓	✓	✓	✓
特殊事項						

醫師看診記錄	醫囑：	簽名： 日期：

備註一：兒童與成人脈搏與呼吸速率

兒童正常脈搏		兒童正常呼吸速率	
2～12 月	160／分	2 月	60／分
1～2 歲	120／分	2～12 月	50／分
3～8 歲	110／分	1～5 歲	40／分
		6～8 歲	30／分
成人正常脈搏	60～80／分	成人正常呼吸速率	16～18／分

參考資料

王天苗（1985）：生活適應能力檢核手冊。台北：心理出版社。

吳武典（1987）：特殊教育法的理念與作法。台北：心理出版社。

李淑貞譯（1997）：中重度障礙者有效教學法。台北：心理出版社。

林幸台、林寶貴、洪儷瑜、楊瑛、陳紅錦（民 83）：我國實施特殊兒童個別化教育方案現況調查研究。特殊教育研究學刊，10。1-42。

林金定等（2001）：台灣地區智能障礙者醫療照護政策發展。行政院衛生署九十年度科技研究發展計畫，計畫編號：DOH90-TD-1153。

盛華總校閱（1995）：吞嚥障礙評估與治療。台北：心理出版社

視多障個案教育：財團法人第一社會福利基金會翻譯出版。

黃裕惠、余曉珍譯（2001）：特殊教育概論。台北：雙葉書廊。

Bellamy, G. T., Inman, D., & Yeates, J. (1978). Evaluation of a procedure for production mamagement with severely retarded. *Mental Retardation, 17* (1), 37-41.

Fredericks, H. D. B. & Baldwin, V.l. (1987). Individuals with sensory impairments: Who are they? How are they educated? In L. Goetza, D. Guess, & K. Stremel-Campbell (Eds.), *Innovvative program design for individuals with dual seneory impairements* (pp. 3-12). Baltimore, MD: Paul H. Brookes.

Gordon, S. G., Appell, M. W., & Cooper, L. Z. (1982). *Medical issues in the overall management of the severely handicapped/hearing impaired child*. In B. Campbell & V. Baltimore, MD: Paul H. Brookes.

Martha E. Snell, editor (1987). *Systematic instruction of persons with severe handicaps*. Merrill Publishing CO.

Newborg, J., Stock, J., Wnek, L., Guidubaldi, J., & Svinicki, J. (1984a). *Battelle

Development Inventory Screening Test. Allen, TX: DLM Teaching Resources.

Newborg, J., Stock, J., Wnek, L., Guidubaldi, J., & Svinicki, J. (1984b). *Battelle Development Inventory.* Allen, TX: DLM Teaching Resources.

國家圖書館出版品預行編目資料

極重度多重障礙個案照護與療育課程評量：指導手冊
　／ 林麗英編製. --初版--
　　臺北市：心理，2005[民 94]
　　面；　公分.--（障礙教育系列；63053）

　　　ISBN 978-957-702-804-4（平裝）

　1. 殘障福利 – 手冊,便覽等　2. 殘障教育 – 手冊,便覽等

548.2026　　　　　　　　　　　　　　　　94011270

障礙教育系列 63053

極重度多重障礙個案照護與療育課程評量─指導手冊

編 製 者：林麗英
執 行 編 輯：何維榆
總 編 輯：林敬堯
發 行 人：洪有義
出 版 者：心理出版社股份有限公司
地　　　址：231 新北市新店區光明街 288 號 7 樓
電　　　話：(02) 29150566
傳　　　真：(02) 29152928
郵 撥 帳 號：19293172　心理出版社股份有限公司
網　　　址：http://www.psy.com.tw
電 子 信 箱：psychoco@ms15.hinet.net
駐 美 代 表：Lisa Wu（lisawu99@optonline.net）
排 版 者：辰皓國際出版製作有限公司
印 刷 者：辰皓國際出版製作有限公司
初版一刷：2005 年 7 月
初版三刷：2017 年 2 月
Ｉ Ｓ Ｂ Ｎ：978-957-702-804-4
定　　　價：新台幣 200 元

極重度多重障礙個案照護與療育課程評量

指導手冊

編製者：林麗英